APPEL AUX PROPRIÉTAIRES

POUR LA

DIMINUTION DES LOYERS

PAR

M. GEORGES

SOMMAIRE :

Lutte des propriétaires contre les locataires. — Conséquences qui en résultent. — De combien les loyers ont augmenté depuis dix ans. — Ce qui adviendrait si les boulangers vendaient le pain dans les mêmes proportions que les Propriétaires louent leurs logements. — Protection de la loi au bénéfice de l'acheteur s'il payait 100 francs une marchandise qui en vaut 60. — De la différence entre la chose louée et la chose vendue. — A quoi se trouvent obligés les locataires pour ne pas coucher dans la rue. — Un bon propriétaire. — Ses raisons philosophiques pour ne pas augmenter ses locataires. — Conclusion de l'auteur.

PRIX : 30 CENT.

SE TROUVE CHEZ LES LIBRAIRES

LYON

APPEL AUX PROPRIÉTAIRES

POUR LA

DIMINUTION DES LOYERS

Depuis 1850, une grave question se trouve à l'ordre du jour, c'est la question des loyers.

Depuis dix ans, la lutte des propriétaires contre les locataires est ouverte, mais ce qu'on n'ose deviner ni prévoir, c'est quand ils voudront bien la cesser.

Il serait cependant bien temps qu'ils missent un frein à cette espèce de fougue qui les entraine peut-être à leur insu plus loin qu'ils ne devraient aller, et feraient-ils acte de sagesse en rentrant dans la voie louable dont ils n'auraient jamais dû s'écarter.

Cette question des loyers est devenue, pour le moment, la véritable pierre angulaire des habitants de tous les pays.

Depuis cette extrême cherté des logements, la fortune de ceux qui possèdent n'est pas plus hors d'atteinte des *fantaisies* des propriétaires que la bourse modeste de ceux qui attendent après le produit de leur travail pour se procurer leurs besoins de chaque jour.

La position des familles se trouve donc compromise par une volonté souvent ignorante, mal raisonnée, et qui vient jeter le plus grand trouble au sein même de chaque foyer.

Depuis la période que nous venons d'indiquer, 1850 à 1860, les locaux ont doublé de prix; et quand nous disons doublé, nous restons au-dessous de la vérité.

Des logements qu'on louait trois mille francs par an, il y a quelques années seulement, valent aujourd'hui sept ou huit mille francs; d'autres de moindre valeur et qui atteignaient quatorze ou quinze cents francs, sont montés à la somme énorme de quatre mille francs. Mais c'est surtout la masse des petites demeures qui a subi l'augmentation la plus sensible, en envisageant ceux qui les occupent. Ainsi, un maître de maison ne craint pas de faire payer trois cents francs ce qui en valait cent quarante à peine; aussi chacun regarde-t-il comme une véritable désolation la nécessité de se procurer un logement.

Le propriétaire, objectera-t-on, n'est ni un philosophe ni un philanthrope, c'est un propriétaire; il tire parti de son immeuble comme il le veut et comme il l'entend; il a acheté sa propriété, il paie ses contributions, et il s'arrange pour retirer le plus qu'il peut de ce qu'il possède.

Ces raisons peuvent paraître sans réplique de prime abord, mais il faudrait supposer que cette règle de conduite adoptée par les propriétaires est de beaucoup supérieure aux simples lois de justice et d'équité.

Nous allons, pour un instant, par une simple hypothèse, détourner la question et la placer sur un autre terrain afin de faire ressortir, autant qu'il nous sera possible, les conséquences du fond de notre sujet.

D'après ces précédents, voyons ce qu'il résulterait si les boulangers agissaient avec autant de rigueur que les maîtres de la propriété, en livrant le pain à des prix exorbitants, sous le prétexte spécieux qu'ils achètent leur farine, qu'ils paient des frais de patente, et qu'ils ont le droit, par conséquent, de débiter leur marchandise au taux qui leur convient.

Ce raisonnement que tiendrait le boulanger et qu'on trouverait impitoyable, s'il était réel, aurait-il quelque chose de plus extraordinaire que ce que font, sous une autre forme, les propriétaires contemporains?

Ainsi donc, supposons, comme nous venons de le dire, que les boulangers soient libres de vendre le pain au prix qui leur convient et qu'ils mésusent de ce droit dans d'injustes proportions; alors nous aurons la juste mesure, comme nous allons le voir, avec laquelle agissent les propriétaires dans l'application de cette fiction.

On voit entrer quelqu'un chez un boulanger.

— Combien allez-vous me faire payer votre pain?

— Telle somme.

— Telle somme! mais vous n'y pensez pas; les farines ne manquent pas sur les marchés et vous ne pouvez consciencieusement me vendre aussi cher que vous le dites.

— Je n'ai pas d'explication à donner; c'est à prendre ou à laisser.

— Je n'ai pas à aller contre votre volonté, et si je me présente chez vous, c'est que j'ai un impérieux besoin de ce que je viens vous demander; sachez donc être plus raisonnable.

— Je vous l'ai dit, je n'ai pas deux prix : prenez ou laissez.

— Cela vous est facile à dire : prenez ou laissez; et

les conséquences de cette alternative, vous n'avez pas l'air de les comprendre. Eh bien ! sachez donc que, malgré toute ma bonne volonté, il m'est entièrement impossible d'accepter votre pain au prix que vous voulez le vendre.

— C'est comme vous l'entendrez ; moi j'ai mes frais de maison, des droits à acquitter, et au surplus, on ne me donne pas la farine que je vous garantis comme étant de qualité supérieure. Néanmoins, voyez ailleurs et vous apprécierez que je ne suis pas plus déraisonnable que les autres.

L'inconnu salue et se dirige vers une autre boulangerie.

— Combien votre pain ?

— C'est tel prix.

— Oh ! mais c'est exorbitant, et je ne vous dissimulerai pas que c'est par trop abuser ; j'ai vu autre part que chez vous et l'on me vendait à meilleur marché.

— Il fallait acheter.

— Mais c'était encore trop cher !

— Moi, c'est mon prix, je n'en peux rien rabattre, chacun vend comme il l'entend ; vous ne pouvez pas trouver à redire à cela, et rien ne m'oblige d'agir d'autre sorte.

— Oui, malheureusement....

— Comment, malheureusement? Où en serait donc la légalité si le droit de tirer parti de ce qu'on possède n'existait pas?

— Mais le droit ne consiste pas à abuser d'une faveur; il y a une différence entre le droit et l'abus. Et qu'auriez-vous à objecter si, au nom du droit que vous invoquez, il arrivait que vous fussiez limité dans vos écarts et que des taxes fussent établies, trouveriez-vous que ce serait une injustice?

— Tout ce que vous dites, ce sont des paroles, pas autre chose; et l'on ne nous ferait pas l'affront de porter la main sur notre privilége; ainsi donc profitez de mon pain au prix que je vous le vends, ou bien un autre le prendra, et avec satisfaction encore.

— Je ne doute pas qu'un autre ne l'accepte, mais il n'en sera que plus à plaindre d'en passer par de telles conditions.

— Tout cela m'importe guère, et je ne puis accepter ces raisons.

— Oui, mais à moi ça importe beaucoup, et c'est pourquoi je vous demande une diminution, car vous savez qu'il me faut du pain comme à vous, et le prix que vous voulez le vendre dépasse les ressources ordinaires; aussi, peut-être n'est-ce pas votre dernier mot?

— J'ai dit mon dernier mot, voyez ailleurs.

L'inconnu désespéré, cherche de nouveau; après avoir trouvé, il renouvelle sa demande.

— Combien vaut-il votre pain?

— Je ne puis vous le laisser à moins de tant.

— Oh! ce n'est pas possible!

— Comment pas possible, mettez-vous en doute ma parole?

— Loin de moi que j'aie pensé vous dire quelque chose de blessant, mais remarquez que votre pain est moisi et qu'il y a je ne sais combien de temps qu'il est cuit; ne pourriez-vous donc pas, par ces considérations, me faire un rabais?

— Un rabais, et pourquoi, s'il vous plait?

— Vous me le demandez, mais ne viens-je pas de vous le dire?

— Vous m'avez observé ce qu'il vous a plu, moi j'agis comme il me convient, et mon pain n'est pas aussi moisi que vous le prétendez. D'autre part, je ne manquerai pas de gens qui l'accepteront sans même apercevoir ce que vous lui reprochez; je ne vois donc pas pourquoi j'abaisserais le taux d'une marchandise aussi recherchée; laissez-la donc.

— Cependant....

— Je vous dis que ce sera pour d'autres.

— Allons, je vois bien, au contraire, qu'il faut que je me résigne; je suis forcé, il est vrai, de me priver de toutes les autres choses utiles, mais je prendrai votre pain aux dures conditions que vous m'imposez, puisque la nécessité m'y contraint.

— Monsieur, toutes ces paroles sont de trop, et vous n'aurez pas mon pain, tout moisi qu'il vous semble; je le réserve pour d'autres qui seront trop heureux d'en profiter, sans que des observations qui ne me plaisent pas à entendre viennent me heurter.

— Hélas! il n'est que trop vrai, j'ai eu tort; ce que vous dites est de la plus grande justesse; j'ai été un téméraire, je me suis laissé aller à une impétuosité intempestive, je le reconnais; aussi, je fais amende honorable à votre raison et je prends votre pain tel qu'il est. S'il me semblait moisi, c'était une erreur, et je la rejette loin de moi; mes yeux ont mal vu, et comme preuve, en voici le prix que vous demandez; prenez, car je suis dans mon tort!

Cette manière d'agir, si elle était réelle, ne serait-elle pas considérée comme la plus triste des calamités? Eh bien! quelle différence existe-t-il entre le boulanger qui pourrait nous faire payer notre pain de chaque jour ce qu'il lui plaît, en admettant toujours notre hypothèse, et le propriétaire qui nous fait payer ce qui lui convient la faveur de nous abriter?

Moi, j'avoue que je n'en vois aucune, car le pain et le logement sont les deux choses les plus indispensables de la vie.

Il n'est donc rien qui puisse motiver ces augmentations, rien qui paraisse les justifier par n'importe quel exemple; aussi demandons-nous, pour l'édification de tout le monde, ce qui les pousse à élever le prix de leurs locations avec une exigence toujours croissante et qui dépasse les plus saines raisons de l'entendement.

Eh! cependant, qu'on juge du contraste; s'il plaisait à un négociant d'agir de cette sorte, en retirant un plus gros bénéfice que ne le comporte la chose vendue, il serait passible de la loi qui protégerait celui qui réclamerait son appui.

A cet effet, supposons qu'un individu ait fait emplette de cinq mètres de drap et qu'il les ait payés cent francs; il remet ce drap à un tailleur pour se faire faire des habits en lui observant toutefois que cette pièce d'étoffe lui a coûté la somme ci-dessus.

Le tailleur lui objecte que ce qu'on lui a vendu aurait été convenablement soldé à raison de douze francs le mètre, et au total soixante francs.

Le client reporte sa marchandise au négociant en

lui affirmant qu'au dire d'un expert compétent, on la lui a fait payer les deux cinquièmes de plus que sa valeur.

Que s'ensuit-il, si le vendeur soutient à l'acheteur qu'il a eu raison de lui vendre à ce prix?

Il ne tiendra alors qu'à ce dernier de faire condamner son adversaire par le tribunal de Justice-de-Paix, comme ayant abusé de sa bonne foi et de sa crédulité, lorsqu'il était venu plein de confiance dans sa maison pour y traiter une affaire. Toute la nuance, qu'on le remarque, n'existe que dans l'action de vendre au lieu de l'action de louer.

Maintenant, et quoi que nous ayons dit, nous sommes obligé d'avouer que nous avons affaire à forte partie dans l'arène où nous avons porté ce débat; et tout ce que nous pourrions argumenter, nous le sentons, serait de bien minime valeur en présence de cette guerre au loyer, guerre ouverte et exercée avec tant de vigueur par les maîtres de la propriété.

Que pourrions-nous ajouter, si nous mettons en parallèle notre faiblesse et leur puissance?

Ne sommes-nous pas contraints, quelle que soit la forme sous laquelle apparaît cet absolutisme, de nous y résigner, car, quelle est l'opposition légale à exercer en cette occurrence? Pour ma part, je reconnais humblement que je n'en vois pas, et cette question, on doit en convenir, est assez embarrassante à résoudre. Le locataire ne peut pas dire : « Gardez vos logements, je resterai dans la rue.... » Il est donc obligé d'accepter, et de subir contre son gré cette injustice à l'ordre du jour; de crier, si cela lui fait du bien, mais d'en passer, dans tous les cas, par les conditions que son ogre lui impose.

A l'encontre de ces tristes exemples qui mettent tant de gens en émoi, et principalement les plus pauvres, comme supportant, toutes proportions gardées, ce surcroît de charge ; à l'encontre de ces pénibles exemples, disons-nous, nous avons été témoin, dans un endroit que nous nous abstenons de nommer, d'une conversation que nous croyons utile de rapporter ici, et où de nobles paroles sont venues faire une bien grande diversion à cette contagieuse âpreté qui abaisse si petitement l'être dans son espèce et qui le fait rétrograder si loin.

Voici donc ce que nous avons entendu :

« Je préférerais, — disait celui que nous citons, — je préférerais être misérable toute ma vie, plutôt que de porter le trouble et la désolation dans les familles par le fait de ma volonté comme le font les propriétaires, mes collègues, depuis trop longtemps déjà, et sachant parfaitement qu'ils agissent avec la plus complète impunité.

« Je ne puis concevoir, continua-t-il, ce désir incessant d'attirer à soi, ce désir d'amasser, de thésauriser démesurément, comme si au contraire les favorisés du sort ne devraient pas être remplis de charité pour ceux à qui il s'est montré rebelle.

« Ainsi j'ai de petits logements que j'ai toujours loués cent et cent vingt francs; il ne tiendrait qu'à moi, en suivant le gros du torrent, de doubler les prix de ces modestes demeures ; mais qu'arriverait-il, si je procédais ainsi ? C'est que ces augmentations gêneraient et mettraient dans la peine de malheureux travailleurs qui ont déjà une assez forte dose de tourments à supporter sans que j'ajoute une nouvelle charge à leur fardeau que je trouve bien assez pesant comme cela ; et il me semblerait, Dieu m'entende, que le fruit que j'aurais en plus à ma table me représenterait la bouchée de pain qu'ils auraient en moins à la leur, et ma conscience s'en révolterait ! »

Voilà un langage sur lequel nous ne saurions assez appeler l'attention de ceux qu'il concerne ; et si les bons exemples profitent, nous désirons que celui-là, par son importance extrême, ne soit pas le dernier à être mis largement en pratique.

A notre tour, Messieurs, nous en appelons à vous-mêmes, nous en appelons à votre cœur de citoyen, car nous aimons à penser que votre égarement, comme toute chose en ce monde, aura sa fin ; et, pour l'honneur de l'humanité, nous voulons bien croire, que vous n'avez pas l'âme aussi dure que les pierres de vos maisons.

Diminuez vos locaux, écoutez notre appel, ne méprisez pas les enseignements salutaires, n'attendez pas que la rumeur s'élève plus hautement, prêtez une oreille plus attentive au diapason de l'opinion mieux que vous ne l'avez fait jusqu'alors, et accordez, par une sage entente et une juste répartition, ce qu'une voix vous crie au nom de tous ses concitoyens heureux et malheureux !

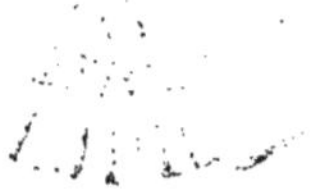

Chanoine, imprimeur à Lyon.

www.ingramcontent.com/pod-product-compliance
Lightning Source LLC
LaVergne TN
LVHW052039160826
845678LV00003B/1424

* 9 7 8 2 3 2 9 6 3 0 1 0 6 *